Ainsi v

Max et Li
rester en vacances

Dominique de Saint Mars

Serge Bloch

Nous, on aime les vacances !

C'est important de se reposer !

CALLIGRAM

CHRISTIAN GALLIMARD

Série dirigée par Dominique de Saint Mars

© Calligram 2018
Tous droits réservés pour tous pays
Imprimé en Italie
ISBN : 978-2-88480-783-8

5

C'était enfin les vacances... et un méchant géant m'obligeait à revenir à l'école...

Mais, Max, on EST en vacances, chez nos copains Tim et Lola*, les jumeaux !...

Tout va bien, on s'amuse, les lits rebondissent, y a pas de méchant géant, Max !

Il a fait un cauchemar de l'école...

Rendors-toi, mon chéri, les vacances ne sont pas finies ! Et vos parents arrivent bientôt !

OK

* Retrouve Tim et Lola dans *Max et Lili veulent tout savoir sur les bébés* et dans *Max veut sauver les animaux*.

* Foin : on coupe l'herbe, on la laisse sécher et on la garde à l'abri. Elle sert à nourrir les animaux l'hiver.

Merci, Dino! C'est la première fois qu'on me laisse conduire!

Et tu te débrouilles très bien... On va ramasser le foin à la main, car le champ est trop en pente pour y aller avec la machine à faire les bottes de foin...

C'est pas le grand confort, mais c'est les vacances !

8

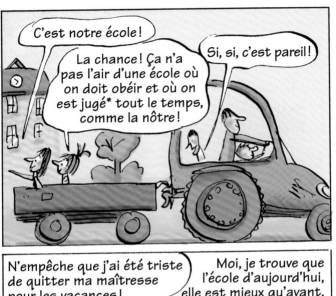

* Retrouve Max dans *Max n'aime pas l'école.*

10

11

14

* Hydrocution : quand on entre brutalement dans l'eau froide, on peut avoir un malaise et se noyer.

MAAAX !!!

Mais non, ça va, elle est froide, mais je ne suis pas mort !

T'es aussi bête que ceux qui jouent aux jeux dangereux à l'école pour faire les malins...

Dans votre école aussi, c'est arrivé ? Ils sont trop fous et débiles, ceux qui font ça !

Et alors les chèvres, qui ose aller en toucher une? Toi, Lili?

D'accord, Oscar, mais tu ne tires plus sur les oiseaux et tu viens avec moi!

Moi aussi, je viens! Faut bien te protéger...

Et hop, deux nouveaux amoureux pour Lili!

20

Retrouve Lili, présidente des Verts de Terre, dans *Lili veut protéger la nature*.

C'est encore loin ?

Pourquoi on doit aller là-haut pour compter les oiseaux ?

Il faut toujours se mettre au même endroit et rester chaque fois aussi longtemps !

Après, on compare les chiffres pendant plusieurs mois, pendant un an !

C'est ça qu'on appelle « faire des statistiques » ?

23

27

30

31

OOUUH OOUUH!

Éteins la lampe, on entend une voix!

Mais non, c'est une chouette!

Oouuh, les enfants!

Ils sont là! Venez, on les a trouvés!

33

35

Aaaah, la maison !
Pluche ! Pompon !

Oh, elle me paraît plus petite, notre chambre !

Mais super, quand elle est bien rangée comme ça !...

Max et Lili, vous avez de la visite !

On a vu la voiture...
OUAAH, Max, t'as grandi !
Tu vas être encore
meilleur au foot !

Après des vacances comme ça,
je pensais qu'on ne pouvait pas
être encore plus heureux !

Lili, j'ai
rencontré Valentine,
elle voudrait être amie
avec nous, et qu'on
travaille ensemble !

Elle est pas
cool, la vie ?!

Et toi...

Est-ce qu'il t'est arrivé la même histoire qu'à Max et Lili ?
Réponds aux deux questionnaires...

Tu veux rester en vacances...

Tu aimes être en famille, avec tes grands-parents?
jouer, rire, nager, pêcher, faire du sport, lire des livres?

Tu veux te faire de nouveaux copains et copines?
vivre des aventures? t'occuper des autres, te rendre utile?

Tu veux avoir du temps, te lever tard, être avec des
animaux, respirer l'odeur de l'herbe?

40

Tu t'ennuies à l'école ? Tu as du mal à te concentrer ?
Tu es stressé par les notes ? Tu as la bougeotte ?

Tu as peur de rentrer à l'école ? Tu n'as pas assez
de bons copains ? Tu t'es déjà fait rejeter ?

As-tu peur d'un professeur ? Tes parents ne sont pas
assez rassurants ? Tu as des mauvais souvenirs ?

Tu es content de retourner à l'école...

Tu aimes l'école pour retrouver tes copains? Tu as envie d'apprendre, pour améliorer le monde avec ton travail?

Tu n'es pas parti en vacances? C'est trop cher pour tes parents? Ou tu as une famille séparée et c'est compliqué?

Tu trouves que c'est une chance d'aller à l'école? Tu t'y sens bien? Ça t'amuse? C'est facile?

Tu t'es amusé pendant les vacances? Ton cerveau est prêt
à être sérieux en classe, pour apprendre?

Tu n'as pas de mal à quitter tes parents? Tu as aimé
ton maître ou ta maîtresse et tu t'es senti aimé?

ALORS, CONTENT
DE RENTRER MON VIEUX?

OUI, mon petit!

n école t'apprend aussi la vraie vie, à dire stop à la violence,
à être responsable, avec des petits et des grands?

**Après avoir réfléchi
à ces questions sur les vacances
et l'école, tu peux en parler
avec tes parents ou tes amis.**

Dans la même collection

Application Max et Lili
disponible sur

App Store
Google play

www.editionscalligram.ch

Suivez notre actualité sur Facebook
https://www.facebook.com/MaxEtLili